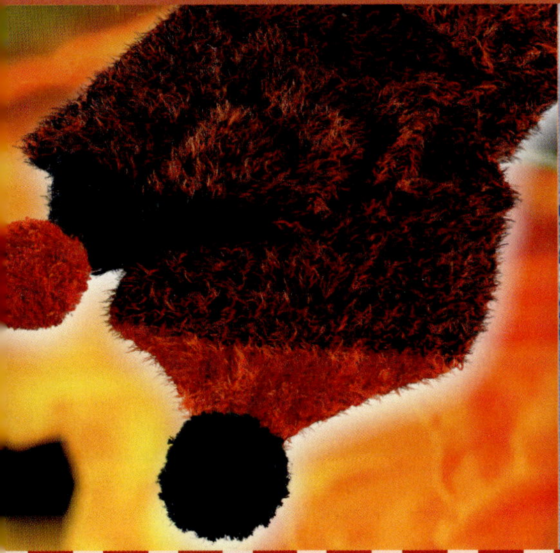

Schals stricken

Schals stricken – das Top-Thema Nr. 1. Mit den neuen Effektgarnen können Sie Schals in den tollsten Farben und Mustern stricken. Raffiniert verarbeitet werden Sie zu richtigen Hinguckern. Da möchte man nicht nur einen Schal besitzen, sondern eine ganze Reihe und zu jedem Outfit den passenden. Kein Problem! Wir zeigen Ihnen im Buch die verschiedensten Ideen.

So kann der Winter kommen und Sie trotzen Wind und Wetter und haben immer einen passenden, kuscheligen und wärmenden Schal um den Hals.

Viel Spaß beim Stricken wünscht

Monika Krüger

Quer gestrickter Schal

→ mit Kuscheleffekt

GRÖSSE
ca. 18 cm breit, 170 cm lang (ohne Quasten und Pompons)

MATERIAL
- Schachenmayr Cassiopeia in Natur (Fb 02), 150 g
- Schachenmayr Two in One in Ondé steppe (Fb 07), 100 g
- 1 Paar Stricknd oder Rundstricknd Nr. 5-6
- Häkelnadel Nr. 5-6
- evtl. Pomponset (Schablonen zur Fertigung von Pompons)

MASCHENPROBE
Mit Nd 5-6 mit Cassiopeia bei kraus rechts 11 M und 22 R = 10 cm x 10 cm

Mit Nd 5-6 mit Two in One im Lochmuster 11 M und 20 R = 10 cm x 10 cm

Kraus rechts mit Kett-Rdm

Hinr rechts, Rückr rechts

Lochmuster mit Kett-Rdm

In Hinr nach Strickschrift str. In den Rückr die M str, wie sie erscheinen, aus den beiden U 1 M rechts und 1 M links str.
1x die 1.-10. R str.

Anleitung

187 M mit Cassiopeia anschlagen und * 6 R kraus rechts str, dann 10 R im Lochmuster mit Two in One str, ab * 1x wiederholen, noch 5 R kraus rechts mit Cassiopeia str, dann alle M abk.
An die beiden äußeren Streifen jeder Schmalseite je sieben Fransen knüpfen. Für jede Franse zwei ca. 40 cm lange Fäden mittig zuslegen, die Schlaufe durch das Gestrick, dann die losen Enden durch die Schlaufe ziehen und festziehen. Die jeweils sieben Fransen zu einem Büschel verknoten. Zwei Pompons mit ca. ø 6 cm anfertigen und zwischen die Fransenbüschel an den mittleren Streifen aus Cassiopeia nähen.

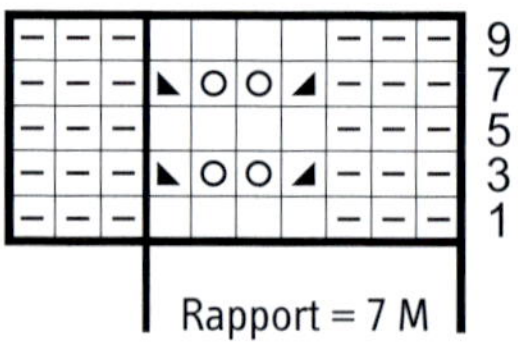

ZEICHENERKLÄRUNG

- = 1 rechte M
- – = 1 linke M
- O = 1 U
- ◢ = 2 M rechts zusstr
- ◣ = 1 M rechts abheben, 1 M rechts und die abgehobene M überziehen

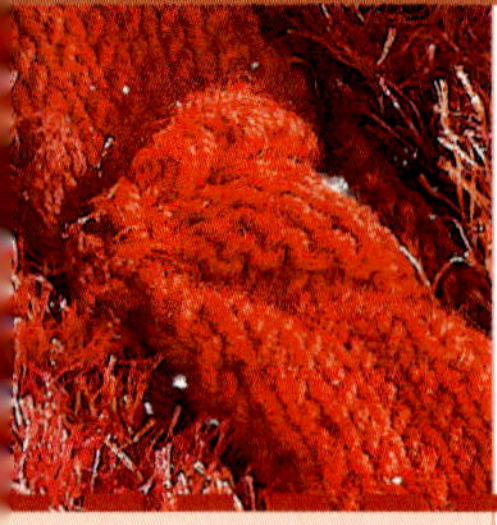

Super flauschig

→ mit gedrehtem Mittelstück

GRÖSSE
ca. 18 cm breit, Seitenteile ca. 170 cm lang, gedrehtes Mittelteil ca. 150 cm lang

MATERIAL
- Schachenmayr Brazilia Color in Passion (Fb 109), 150 g
- Schachenmayr Extra Merino in Feuer (Fb 30) und Rubin (Fb 31), je 50 g
- Nadelspiel Nr. 4,5-5,5
- Häkelnd Nr. 5

MASCHEN-PROBE
Mit Nd 4,5-5,5 mit Brazilia bei kraus rechts 12 M und 22 R = 6 cm x 10 cm

Mit Nd 4-5 mit Extra Merino bei kraus rechts 10 M und 26 R = 6 cm x 10 cm

Kraus rechts mit Kett-Rdm
Hinr rechts, Rückr rechts

Glatt rechts mit Kett-Rdm
Hinr rechts, Rückr links

Glatt links mit Kett-Rdm
Hinr links, Rückr rechts

Hinweis: Der Schal wird in mehreren Teilstücken gearbeitet.

Anleitung
Mit dem mittleren Streifen in Merino Feuer beginnen.
10 M anschlagen und abwechselnd 30 R glatt rechts und 30 R glatt links str. In ca. 150 cm Länge, nach dem siebten glatt rechts gestrickten Streifen, alle M abk. In jede Kett-Rdm der Längsseiten 1 Krebs-M in Merino Feuer häkeln.
Für die beiden äußeren Streifen aus Brazilia Color jeweils 12 M anschlagen und 170 cm kraus rechts str. Alle M abk. An die Längsseiten des Streifens aus Merino Feuer die Streifen aus Brazilia Color häkeln.
Dafür mit Merino Rubin mit 1 Km die 16. Kett-Rdm einer Längsseite des Brazilia-Streifens und die 1. Kett-Rdm der ersten Längsseite des Streifens aus Merino Feuer zushäkeln, weiter 10 Lm häkeln, den Streifen Merino Feuer um 180° im Uhrzeigersinn drehen, dann mit 1 Km die 8. Kett-Rdm der zweiten Längsseite dieses Streifens mit der folgenden 6. Kett-Rdm des Brazilia Streifens zushäkeln * wieder 10 Lm häkeln, den Streifen in Merino Feuer um 180° im Uhrzeigersinn drehen, mit 1 Km die folgende 6. Kett-Rdm des Brazilia-Streifens und die entsprechende 8. folgende Kett-Rdm des Streifens in Merino Feuer zushäkeln, ab * stets wdh. Beim Zushäkeln darauf achten, dass mit der letzten Km die 16. Kett-Rdm vor Ende des Brazilia-Streifens und die letzte Kett-Rdm des Streifens in Merino Feuer zusgehäkelt werden. Den zweiten Brazilia Streifen ebenso anhäkeln jedoch entfällt hierbei die Drehung des Streifens in Merino Feuer.
Zwei Quasten aus je 30 ca. 35 cm langen Fäden aus Merino Rubin anfertigen und beidseitig in die Mittel-M des Streifens aus Merino Feuer einknoten.

Für Mädchen und Jungs

→ Lieblingsschals

GRÖSSE
Mädchenschal
ca. 14 cm breit, 140 cm lang (ohne Glocken)

Jungenschal
ca. 16 cm breit, 125 cm lang (ohne Fransen)

MATERIAL MÄDCHENSCHAL
- Schachenmayr Boston Multi Color in Cyclam color (Fb 182), 150 g
- Schachenmayr Boston in Rosé (Fb 34) und Pink (Fb 35), je 50 g
- Nadelspiel Nr. 8 oder addi-Express
- 1 Paar Stricknd Nr. 7-8
- Häkelnd Nr. 8

JUNGENSCHAL
- Schachenmayr Boston Multi Color in Ocean color (Fb 192), 100 g
- Schachenmayr Boston in Jeans meliert (Fb 53), 50 g
- Rundstricknd Nr. 7-8
- Nadelspiel Nr. 7-8
- Applikation, ca. 7 cm groß (nach Wunsch)

MASCHENPROBE
Mit Nd 7-8
bei kraus rechts
10 M und 19 R
= 10 cm x 10 cm

Kraus rechts mit Kett-Rdm
Hinr rechts, Rückr rechts

Glatt rechts
In Hinr rechts, in Rückr links, in Runden jede Rd rechts str

Anleitung

Mädchenschal
3 M in Cyclam color anschlagen und kraus rechts mit Kett-Rdm str. Dabei am Beginn der 2. R, dann am Beginn jeder R je 1 M zun bis nach der 12. R = ca. 8 cm Höhe insgesamt 14 M auf der Nd sind. Für die Zunahmen in die Kett-Rdm 1 M rechts verschränkt und 1 M rechts str. In ca. 124 cm Höhe für die zweite Spitze beidseitig am Beginn jeder R die Kett-Rdm mit der folgenden M rechts verschränkt zusstr bis noch 3 M übrig sind. In folgender R die restlichen 3 M abk.
Eine Längsseite in Pink, dann die zweite Längsseite in Rosé, jeweils von Spitze bis Spitze, mit Krebs-M umhäkeln. Dabei bei den Schrägen in jede Kett-Rdm, bei den Geraden in jede 2. Kett-Rdm 1 Krebs-M arbeiten.

Für die Glocken einen Schlauch in Pink und einen Schlauch in Rosé, je ca. 22 cm lang auf dem addi-Express anfertigen, oder mit dem Nadelspiel 7-8 über je 22 M glatt rechts (jede Rd rechts) str. Jeden Schlauch zur Glocke formen, siehe Allgemeine Erklärungen. Einen Klöppel in Pink und einen Klöppel in Rosé häkeln. Dafür jeweils 3 Lm anschlagen und in die 1. Lm 6 bis auf die letzte Schlinge abgemaschte Stb häkeln. Alle Schlingen zus abmaschen, dann 11 Lm häkeln, Faden abschneiden durch die letzte Lm ziehen und damit den Klöppel in die Glocke nähen; den Klöppel in Rosé in die pinkfarbene Glocke und den pinkfarbenen Klöppel in die roséfarbene Glocke nähen.

Jungenschal

100 M in Ocean Color anschlagen und 30 R = ca. 16 cm kraus rechts str, alle M locker abk. Für das erste Schalende in Jeans aus einem Seitenrand 17 M in Jeans auffassen, dabei in die hintere Maschenhälfte der Kett-Rdm einstechen, dann 22 R kraus rechts str. Nun für die drei gestrickten Fransen über die ersten 6 M glatt rechts str, die restlichen M stilllegen, Nach 28 R glatt rechts die M abk. Dann über die anschließenden 5 M 28 R glatt rechts str, die M abk, zum Schluss über die letzten 6 M 28 R glatt rechts str, die M abk. In jede Franse einen Knoten schlagen. Das zweite Schalende in Jeans ebenso beginnen, jedoch nach 6 R über die mittleren 9 M glatt rechts, über die äußeren je 4 M kraus rechts str und nach weiteren 10 R über alle M noch 6 R kraus rechts str. Dann die gestrickten Fransen wie beim anderen Schalende arbeiten. Die Applikation auf das glatt rechts gestrickte Rechteck nähen.

Doppelte Fransenreihen

→ raffinierter Farbverlauf direkt aus dem Knäuel

GRÖSSE
ca. 23 cm breit, 180 cm lang (ohne Fransen)

MASCHENPROBE
Mit Nd 5-6 im Grundmuster 13 M und 20 R = 10 cm x 10 cm

MATERIAL
- Schachenmayr Oracolo in Himmel color (Fb 85), 150 g
- 1 Paar Stricknd Nr. 5-6
- Häkelnd Nr. 5-6

Grundmuster mit Kett-Rdm

M-zahl teilbar durch 3, + 2 Kett-Rdm
Kett-Rdm, * 1 M rechts, 1 U, 2 M rechts zusstr, ab * stets wdh, Kett-Rdm.
Diese R stets wdh.

Glatt rechts mit Kett-Rdm

Hinr rechts, Rückr links

Anleitung

32 M anschlagen und 1 Rückr linke M str. Weiter 24 R im Grundmuster und 16 R glatt rechts = ca. 20 cm, dann 140 cm im Grundmuster, 16 R Glatt rechts und noch 24 R im Grundmuster str. Alle M abk. An die beiden Schmalseiten je zehn Fransen knüpfen. Für jede Franse drei ca. 40 cm lange Fäden mittig zuslegen, die Schlaufe mit der Häkelnadel durch den Rand, dann die losen Enden durch die Schlaufe ziehen und festziehen. Über den glatt rechten Flächen je elf Fransenbüschel aus jeweils drei ca. 14 cm langen Fäden ebenso einknüpfen, siehe auch Abbildung.

Schwarz-Weiß

→ sehr effektvoll

GRÖSSE
ca. 20 cm breit, 200 cm lang (ohne Quasten und Pompons)

MATERIAL
- Schachenmayr Merino in Schwarz (Fb 99) und Natur (Fb 02), je 150 g
- Schachenmayr Mohana Color in Marmor color (Fb 87), 50 g
- Nadelspiel Nr. 6 oder addi-Express
- Häkelnd Nr. 5 und 12
- Strickmühle oder 2 Nd eines Nadelspiels Nr. 3,5
- evtl. Pomponset (Schablonen zur Fertigung von Pompons)

MASCHEN-PROBE
Mit Nadelspiel Nr. 6 und Merino bei glatt rechts 17 M und 19 R = 10 cm x 10 cm

Glatt rechts

In Rd jede Rd rechts str

Anleitung

Zwei Strickschläuche herstellen.
Für jeden Schlauch mit dem Nadelspiel 22 M in Schwarz anschlagen und glatt rechts 100 cm in Schwarz und 100 cm in Natur str. Die M der letzten Runde mit dem Endfaden zusziehen, den Anschlagrand zusziehen. Die Schläuche können auch mit dem addi-Express gefertigt werden (siehe Allgemeine Erklärungen), dafür braucht man ca. 40 g Schwarz und ca. 40 g Natur je Schlauch.
Zwischen 2 M mit Kontrastgarn eine Hilfslinie sticken, dann mit der Häkelnadel Nr. 5 entlang dem schwarzen Farbstück mit Schwarz, entlang dem naturfarbenen Farbstück mit Natur in jede 3. M 1 fM, dazwischen 3 Lm häkeln. Jeweils die äußeren 15 cm bleiben unbehäkelt.
Mit der Strickmühle zwei Strickkordeln aus Merino Schwarz und Merino Natur herstellen. Dafür ca. 3,25 m in Schwarz, dann ca. 3,25 m in Natur = insgesamt ca. 6,5 m je Kordel anfertigen, oder die Kordeln mit den beiden Nd des Nadelspiels Nr. 3,5 über jeweils 4 M str, siehe Allgemeine Erklärungen. Mit der Häkelnadel Nr. 12 aus jeder Kordel 1 Lm-Kette ca. 170 cm lang häkeln. Dabei am Beginn und am Ende jeder Kette ca. 8 cm Kordel unbehäkelt lassen.
Nun jeweils eine schmale Strickkordel und jeweils einen breiten Schlauch mit der Häkelnadel Nr. 12 zushäkeln. Den schwarzen Teil der Kordel und den naturfarbenen Teil des Schlauchs mit Lm-Bogen aufeinander legen, dann in Schwarz mit fM zushäkeln, die anschließende naturfarbene Kordelhälfte mit der schwarzen Schlauchhälfte ebenso mit fM in Natur zushäkeln. Danach beide Schalhälften aufeinanderlegen, die naturfarbene Hälfte der Lm-Kette liegt auf der schwarzen, dann mit der Häkelnd Nr. 12 und Mohana Color beide Hälften mit Krebs-M zushäkeln, dabei jeweils nur durch eine Hälfte der naturfarbenen und eine Hälfte der schwarzen Lm einstechen.
Beidseitig die ca. 8 cm langen schmalen Kordelenden zusnähen.
An die Außenkanten der breiten Schläuche mit Mohana Color und Häkelnd Nr. 5 Krebs-M in jede 2. Kett-Rdm häkeln. Zwei schwarze und zwei naturfarbene Quasten (à 50 Fäden, ca. 20 cm lang) anfertigen und annähen, dabei die Farbwechsel beachten. Aus Mohana zwei Pompons (ca. ø 6-7 cm) herstellen und beidseitig an die beiden 8 cm langen Enden der schmalen Strickmühlenkordeln nähen, siehe auch Abbildung.

Achtung: Arbeiten Sie die Lm nicht zu fest!

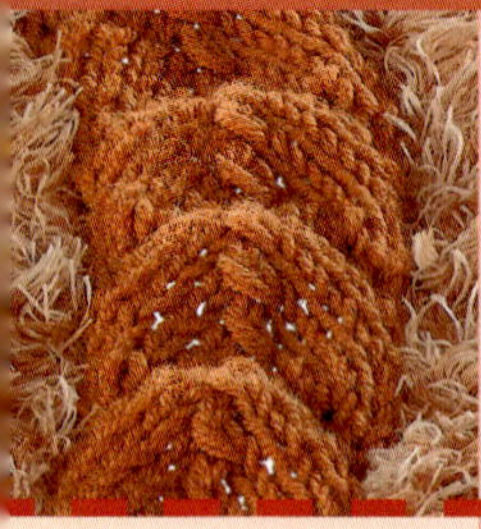

Filigran verspielt

→ mit Ajourmuster

GRÖSSE
ca. 20 cm breit, 182 cm lang (ohne Quasten)

MATERIAL
- Schachenmayr Cassiopeia in Kürbis (Fb 26), 150 g
- Schachenmayr Extra Merino in Kürbis (Fb 26), 100 g
- 1 Paar Stricknd Nr. 5-6

MASCHEN-PROBE
Mit Nd 5-6 mit Cassiopeia bei kraus rechts 10 M und 15-16 R = 10 cm x 10 cm

Mit Nd 5-6 und Extra Merino im Ajourmuster 17 M und 20 R = 8 cm x 10 cm

Kraus rechts mit Kett-Rdm

Hinr rechts, Rückr rechts

Ajourmuster mit Kett-Rdm

In Hinr über 17 M nach Strickschrift str, in Rückr die M str wie sie erscheinen, bzw. wie in der Zeichenerklärung beschrieben.
Die 1.-10. R stets wiederholen.

ZEICHENERKLÄRUNG

• = 1 Kett-Rdm: Am R-Beginn die 1. M rechts verschränkt str, am R-Ende die letzte M links abheben mit Faden vor der M

☐ = 1 rechte M

– = 1 linke M

○ = 1 U, in folgender Rückr den U links str

▼ = 1 M rechts abheben, 2 M rechts zusstr und die abgehobene M überziehen

Anleitung

Mit dem Mittelteil aus Extra Merino beginnen. Dafür zwei Teile str. Jeweils 17 M anschlagen, 1. Rückr linke M, dann 18x die 1.-10. R = insgesamt 181 R = ca. 91 cm nach Strickschrift str, alle M abk. Die Abkettränder zusnähen.
Für die beiden Außenteile aus Cassiopeia jeweils 10 M anschlagen und ca. 182 cm kraus rechts str. Jedes Außenteil an das Mittelteil nähen.
Zwei Quasten aus Extra Merino (à 50 Fäden, ca. 52 cm lang) anfertigen und an die Musterspitzen des Mittelteils annähen.

Tipp: Damit die Seitenteile gleich lang werden, die Teile am besten parallel auf einer Nadel mit jeweils einem Knäuel arbeiten und abwechselnd 2 R über die M des ersten Teils, dann 2 R über die M des zweiten Teils str.

•	–	–					○	▼	○					–	–	•	9
•	–	–				○		▼		○				–	–	•	7
•	–	–			○			▼			○			–	–	•	5
•	–	–		○				▼				○		–	–	•	3
•	–	–	○					▼					○	–	–	•	1

Patentmusterschal

→ mit gestrickten Glocken

GRÖSSE
ca. 15 cm breit,
175 cm lang
(ohne Glocken)

MATERIAL
- Schachenmayr Boston Multi Color in Grün-Blau color (Fb 191), 150 g
- Schachenmayr Mohana in Apfel (Fb 70), 100 g
- 1 Paar Stricknd Nr. 12
- Nadelspiel Nr. 6 oder addi-Express
- Häkelnd Nr. 12
- Sticknadel ohne Spitze

MASCHENPROBE
Mit Nd 12 im Grundmuster 17 M und 7 R = 15 cm x 10 cm (entlang der Mittel-M gemessen)

Glatt rechts

In Rd jede Rd rechts str

Grundmuster

über 17 M str

1. R = Rückr: Kett-Rdm, 1 M rechts, * 1 M mit 1 U links abh, 1 M rechts, ab * 2x wdh, die folgende M = Mittel-M links str, * 1 M rechts, 1 M mit 1 U links abh, ab * 2x wdh, enden mit 1 M rechts, Kett-Rdm.

2. R = Hinr: Kett-Rdm, 1 M rechts verschränkt aus dem Querfaden str, * 1 M mit 1 U links abh, 1 M mit dem U rechts zusstr, ab * 2x wdh, die folgende M und die Mittel-M zus rechts abh, 1 M rechts str, die beiden abgehobenen M darüberheben, die Mittel-M liegt obenauf, * 1 M mit dem U rechts zusstr, 1 M mit 1 U links abh, ab * 2x wdh, 1 M rechts verschränkt aus dem Querfaden str, Kett-Rdm.

3. R: Kett-Rdm, 1 M mit 1 U links abh, * 1 M mit dem U rechts zusstr, 1 M mit 1 U links abh, ab * 2x wdh, die Mittel-M links str, * 1 M mit 1 U links abh, 1 M mit dem U rechts zusstr, ab * 2x wdh, enden mit 1 M mit 1 U links abh, Kett-Rdm.

4. R: Kett-Rdm, 1 M links verschränkt aus dem Querfaden str, * 1 M mit dem U rechts zusstr, 1 M mit 1 U links abh, ab * 2x wdh, folgende 2 M (einschließlich U) zus rechts abh, folgende M und U rechts zusstr und die abgehobenen M darüberziehen, * 1 M mit 1 U links abh, 1 M mit dem U rechts zusstr, ab * 2x wdh, 1 M links verschränkt aus dem Querfaden str, Kett-Rdm.

5. R: Kett-Rdm, 1 M rechts, * 1 M mit 1 U links abh, 1 M mit dem U rechts zusstr, ab * 2x wdh, die folgende M = Mittel-M links str, * 1 M mit dem U rechts zusstr, 1 M mit 1 U links abh, ab * 2x wdh, enden mit 1 M rechts, Kett-Rdm.

Nach der 1. R die 2.-5. R stets wdh.

Hinweis: Der Schal wird mit einem Faden Boston Multi Color zusammen mit einem Faden Mohana gestrickt.

Anleitung

17 M mit Nd Nr. 12 und je einem Faden Boston Multi Color und Mohana anschlagen und im Grundmuster str. In ca. 165 cm Länge ab Spitze alle M abk. Zur Erzielung der zweiten Spitze den Abkettrand aufeinanander legen und auf der Rückseite des Schals zusnähen, dabei nur durch die obere Hälfte der Abkett-M stechen. Den Schal mit je einem Faden Boston Multi Color und Mohana mit Krebs-M umhäkeln, dabei in jede Spitze 2 M häkeln.
Für die Glocken aus jeweils einem Faden Mohana zwei ca. 28 cm lange Schläuche mit dem Nadelspiel Nr. 6 über 22 M glatt rechts in Runden str oder mit dem addi-Express anfertigen, siehe Allgemeine Erklärungen.
An jede Schalspitze eine Glocke nähen.

Quer gestrickt

→ aufgehäkelte Noppen

GRÖSSE
ca. 20 cm breit, 195 cm lang (ohne Fransen)

MATERIAL
- Schachenmayr Cassiopeia in Pool (Fb 56), 150 g
- Schachenmayr Mohana in Pool (Fb 53), 100 g
- Rundstricknd Nr. 5-6
- Häkelnd Nr. 5-6

MASCHENPROBE
Mit Nd 5-6 mit Cassiopeia bei kraus rechts 9 M und 24 R = 10 cm x 10 cm

Mit Nd 5-6 mit Mohana im Lochmuster 9 M und 26 R = 10 cm x 10 cm

Kraus rechts mit Kett-Rdm

Hinr rechts, Rückr rechts

Lochmuster mit Kett-Rdm

M-Zahl teilbar durch 3, + 2 Kett-Rdm
1. R: Kett-Rdm, * 1 M rechts, 1 U, 2 M rechts zusstr, ab * stets wdh, Kett-Rdm.
2. R: Kett-Rdm, * 1 M rechts, 1 U, folgenden U mit der M danach rechts zusstr, ab * wdh, Kett-Rdm.
Nach der 1. R die 2. R stets wdh.

Anleitung

188 M mit Cassiopeia anschlagen. Dann * 6 R kraus rechts mit Cassiopeia, 8 R Lochmuster mit Mohana str, ab * 2x wdh, noch 5 R kraus rechts mit Cassiopeia str, dann alle M abk. In die Lochmuster-R Noppen aus Mohana knoten. Zur Anfertigung der Noppen nach der Allgemeinen Erklärung arbeiten.
Insgesamt 63 Noppen anfertigen. In jeden Lochmusterstreifen 21 Noppen mittig einknoten und die Fäden auf der Rückseite vernähen.
An jede Schmalseite des Schals in die Lochmusterstreifen je vier Fransen knüpfen. Je Franse vier ca. 40 cm lange Fäden mittig legen, die Schlaufe mit der Häkelnadel durch die Schmalseite, dann die losen Enden durch die Schlaufe ziehen und festziehen. Je vier Fransen zu einem Büschel verknoten.

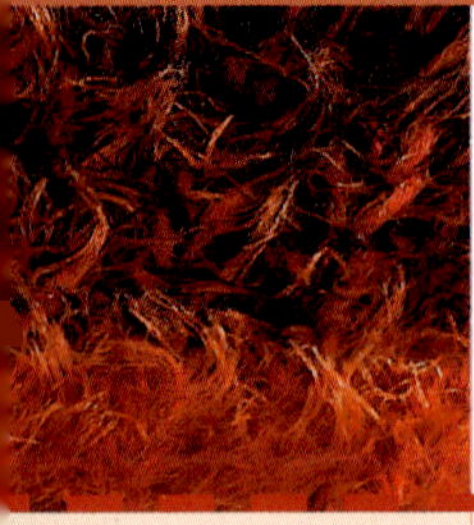

Kuschelschal

→ schön breit

GRÖSSE
ca. 30 cm breit, 220 cm lang (ohne Pompons)

MATERIAL
- Schachenmayr Rosato in Feuer (Fb 30) und Schwarz (Fb 99), je 300 g
- 1 Paar Strickknd Nr. 8
- evtl. Pomponset (Schablonen zur Fertigung von Pompons)

MASCHEN-PROBE
Mit Nd 8 bei Vollpatent 10 M und 18 R = 10 cm x 10 cm

Hinweis: Dieser Schal wird doppelfädig gestrickt.

Vollpatent mit Kett-Rdm

Gerade Maschenzahl
1. R = Rückr: Kett-Rdm, * 1 M rechts, 1 M mit 1 U links abh, ab * wdh, Kett-Rdm.
2. R = Hinr: Kett-Rdm * 1 M mit dem U rechts zusstr, 1 M mit 1 U links abh, ab * wdh, Kett-Rdm.
3. R: Kett-Rdm, * 1 M mit dem U rechts zusstr, 1 M mit 1 U links abh, ab * wdh, Kett-Rdm.
Nach der 1. R die 2. und 3. R stets wdh.

Anleitung

Für die Spitze 3 M mit doppeltem Faden in Feuer anschlagen und im Vollpatent wie folgt str, dabei beidseitig in jeder 2. R je 1 M zun und dem Vollpatent anpassen:
1. R = Rückr: Kett-Rdm, 1 M rechts, Kett-Rdm.
2. R: Aus der Kett-Rdm 1 rechte M zun, dafür die Kett-Rdm 1x rechts verschränkt und 1x rechts str, erst danach von der linken Nd gleiten lassen, 1 M mit 1 U links abh, Kett-Rdm.
3. R: Aus der Kett-Rdm 1 linke M zun, dafür die Kett-Rdm 1x rechts verschränkt und 1x links str, erst danach von der linken Nd gleiten lassen, 1 M mit dem U rechts zusstr, 1 M mit 1 U links abh, Kett-Rdm.
4. R: Aus der Kett-Rdm, 1 linke M zun, 1 M mit dem U rechts zusstr, 1 M mit 1 U links abh, 1 M rechts, Kett-Rdm.
5. R: Aus der Kett-Rdm 1 rechte M zun, die Reihe im Vollpatent beenden.
In diesem Prinzip mit beidseitigen Zunahmen weiterstr bis insgesamt 32 M auf der Nadel sind.
Ab der folgenden R weiter mit einem Faden Schwarz zus mit einem Faden Feuer gerade hoch str. In ca. 203 cm Länge mit zwei Fäden Schwarz die zweite Spitze arbeiten. Dafür am Beginn jeder Hinr und am Beginn jeder Rückr die Kett-Rdm mit der M danach rechts verschränkt zusstr bis noch 3 M übrig sind, dabei an den R-Enden die linken M nicht mit 1 U links abh sondern links str. In folgender R die restlichen 3 M rechts zusstr.
Je einen Pompon in Feuer und in Schwarz (Pompon-Schablonen: ø außen 9 cm, ø innen 4 cm) anfertigen. An die Schalspitze in Feuer einen schwarzen Pompon an die schwarze einen roten nähen.

Raffiniert geflochten

→ Strickmühlenschal

GRÖSSE
ca. 15 cm breit, 170 cm lang (ohne Fransen)

MATERIAL
- Schachenmayr Merino in Burgund (Fb 32), Orchidee (Fb 33) und Heiderose (Fb 34), je 150 g
- Schachenmayr Bravo in Erdbeer mouliné (Fb 8183), 50 g
- Strickmühle oder 2 Nd eines Nadelspiels Nr. 4
- Häkelnd Nr. 12

Anleitung

Mit der Strickmühle je zwei Schläuche in Burgund Orchidee und Heiderose, herstellen oder mit den beiden Nd Nr. 4 str, siehe Allgemeine Erklärungen. Je Schlauch wird ca. 50 g Garn benötigt.
Aus jedem Schlauch mit 95 Lm eine Kette häkeln, dabei locker häkeln. Eventuell zu lange Enden auftrennen und die M sichern, ebenso die Anfänge sichern, siehe Allgemeine Erklärungen.
Danach die Ketten mit Erdbeer mouliné in der Reihenfolge Heiderose, Orchidee, Burgund, Burgund, Orchidee, Heiderose zushäkeln. Dafür jeweils zwei Ketten (linke Seite auf linke Seite) mit 1. Lm neben 1. Lm zuslegen, dann Krebs-M häkeln, dabei jedes Mal zum Fadenholen nur durch die oberen Maschenhälften der Ketten stechen.
In jede Häkelreihe Fransen der gleichen Farbe knüpfen. Je Franse 26 ca. 36 cm lange Fäden mittig zuslegen, die Schlaufe mit der Häkelnadel durch 1 Lm, dann die losen Enden durch die Schlaufe ziehen, festziehen. Jede Franse quastenförmig umwickeln und die Längen angleichen.

Tipp: Mit der Wahl der Fransenfarbtöne können Sie ebenso variieren, wie mit der Farbfolge der Lm-Ketten.

Einfach geringelt

→ mit Häkelringen

GRÖSSE
ca. 17 cm breit, 120 cm lang (ohne Fransen und Häkelringe)

MATERIAL
- Schachenmayr Brazilia New Fashion in Laub (Fb 584), 200 g
- Schachenmayr Micro in Caramel (Fb 14) und Dunkeloliv (Fb 72), je 50 g
- 1 Paar Stricknd Nr. 4,5-5,5
- Häkelnd Nr. 4 und 5
- 6 Plastikringe, ø 4 cm

MASCHENPROBE
Mit Nd 4,5-5,5 bei kraus rechts 20 M und 30 R = 10 cm x 10 cm

Kraus rechts mit Kett-Rdm

Hinr rechts, Rückr rechts

Anleitung

Mit dem schwarzen Teil von Brazilia New Fashion 36 M anschlagen und kraus rechts str. Bitte beachten, dass mit jedem neuen Knäuel die Farbfolge des Garns fortgesetzt wird.
In ca. 120 cm Länge, nach einem Streifen in Schwarz, alle M abk.
Mit der Häkelnd Nr. 5 mit doppeltem Faden Micro eine Längsseite mit Krebs-M in Dunkeloliv, die zweite Längsseite mit Krebs-M in Caramel behäkeln, dafür in jede 2. Kett-Rdm einstechen.
Drei Plastikringe in Dunkeloliv und drei Ringe in Caramel mit Häkelnd Nr. 4 mit je 42 fM umhäkeln, siehe Allgemeine Erklärungen. An den Abkettrand die dunkeloliven, an den Anschlagrand die caramelfarbigen Häkelringe mit gleichmäßigem Abstand zueinander nähen. An die Ringe Fransen gleicher Farbe knüpfen. Je Franse 30 ca. 40 cm lange Fäden mittig zuslegen, die Schlaufe durch den Ring, dann die losen Enden durch die Schlaufe ziehen, festziehen. Die Fransen quastenförmig abbinden.

Hinweis: Super Effektgarn – die tollen Effekte entstehen direkt aus dem Knäuel. Sie müssen also nicht mit zwei Knäueln stricken.

Elegante Stola

→ flauschig und verspielt

GRÖSSE
ca. 36 cm breit, 200 cm lang (ohne Pompons)

MATERIAL
- Schachenmayr Mohana in Weiß (Fb 01), 500 g
- Nadelspiel Nr. 6 oder addi-Express
- Häkelnd Nr. 5 und 12
- evtl. Pomponset (Schablonen zur Fertigung von Pompons)

Glatt rechts

Jede Rd rechts str, dabei sind 16 M ca. 10 cm breit (wenn nicht mit dem addi-Express gearbeitet wird)

Anleitung

Vier ca. 200 cm lange Strickschläuche mit dem addi-Express herstellen (siehe Allgemeinen Erklärungen) oder über 22 M mit dem Nadelspiel in Runden glatt rechts str.
Bei zwei Schläuchen entlang der 1. M und bei zwei Schläuchen entlang der 1. und der 12. M je eine „Hilfslinie“ erstellen (siehe Allgemeine Erklärungen), dann die Schläuche wenden und die Schlauchenden so zuziehen, dass die Hilfslinien eine Längskante bzw. die obere und untere Längskante ergeben.
Bei jedem Schlauch entlang der Hilfslinie bzw. der beiden Hilfslinien die gleiche Anzahl Bogen mit der Häkelnd Nr. 5 häkeln. Dafür jeweils ca. 6 cm vom Schlauchende entfernt beginnen. Den Faden anmaschen, 1 Km häkeln, weiter im Wechsel 4 Lm, 1 fM in jede 4. M des Schlauchs, ca. 6 cm vor Schlauchende mit 1 Km enden.
Die Schläuche mit der Häkelnd Nr. 12 mit Krebs-M um die Lm-Bogen verbinden.
Mit einem Pomponset oder Pappscheiben (ø außen 5,5 cm, ø innen 2,5 cm) acht Pompons anfertigen und an die Enden der Strickschläuche nähen.

Tipp: Diese Stola ist auch ein besonderer Blickfang auf der Couch. An kälteren Tagen können Sie sich damit wunderbar wärmen.

Verspielte Kragen

→ mit Blumenrosette

GRÖSSE
ca. 12 cm breit,
82 cm Umfang
(Kragen in Grau)

ca. 10 cm breit,
80 cm Umfang
(Schal in Krokus)

MATERIAL KRAGEN IN GRAU

- Schachenmayr Mohana Color in Marmor color (Fb 87) und Schachenmayr Mohana in Weiß (Fb 01), je 50 g
- 1 Paar Stricknd Nr. 10
- 2 Nd eines Nadelspiel Nr. 6
- Häkelnd Nr. 8 und 5

SCHAL IN KROKUS

- Schachenmayr Mohana in Krokus (Fb 37), 50 g
- 1 Paar Stricknd Nr. 10 und 6
- Häkelnd Nr. 8 und 5

MASCHENPROBE
Mit Nd 10
im Netzpatent
9 M und 18 R
= 10 cm x 10 cm
(Kragen in Grau)

Mit Nd 10
im Grundmuster
15 M und 10 R
= 10 cm x 10 cm
(Schal in Krokus)

Kragen in Grau

Netzpatent mit Kett-Rdm

Gerade Maschenzahl
1. R = Rückr: Kett-Rdm, * 1 M mit 1 U links abh, 1 M rechts, ab * wdh, Kett-Rdm.
2. R: Kett-Rdm, * 2 M rechts, den U links abh mit Faden hinter dem U, ab * wdh, Kett-Rdm.
3. R: Kett-Rdm, * 1 M mit dem U rechts zusstr, 1 M mit 1 U links abh, ab * wdh, Kett-Rdm.
4. R: Kett-Rdm, 1 M rechts, * den U links abh mit Faden hinter der M, 2 M rechts, ab * wdh, enden mit U links abh mit Faden hinter der M, 1 M rechts, Kett-Rdm.
5. R: Kett-Rdm, * 1 M mit 1 U links abh, 1 M mit dem U rechts zusstr, ab * wdh, Kett-Rdm.
Nach der 1. R die 2.-5. R stets wdh.

Glatt rechts mit Kett-Rdm

Hinr rechts, Rückr links

Anleitung

20 M in Marmor color mit Nd Nr. 10 anschlagen und im Netzpatent 82 cm str, dann in einer Rückr alle M abk. Die beiden Längsseiten aufeinander legen (links auf links) dann mit der Hakelnd Nr. 8 und Krebs-M die Schmalseiten und die Längsseiten zushäkeln. In den Ecken 3 Krebs-M in 1 Kett-Rdm häkeln. Die beiden Ecken des unbehäkelten Längsrandes zusnähen.

Rosette

10 M in Weiß mit Nd Nr. 6 anschlagen und 80 R glatt rechts str. Dann die M abk. Die verbliebene Schlinge auf die Häkelnd Nr. 5 nehmen und in die Kett-Rdm einer Längsseite Krebs-M häkeln, dabei liegt die glatt linke Seite vorn. Entlang dem anderen Längsrand Vorstiche in Weiß sticken, dann den Rand etwas zusziehen, dabei den Streifen im Uhrzeigersinn aufrollen und so eine Rosette formen, die Rosette mit einigen Stichen fixieren, dann am oberen Ende des zusgenähten Kragens annähen.

Schal in Krokus

Grundmuster mit Kett-Rdm

Maschenzahl teilbar durch 5, + 2 Kett-Rdm
1. R = Rückr: Alle M links mit Kett-Rdm str.
2. R: Kett-Rdm, * zuerst die 2. M rechts str, dabei mit der rechten Nd hinter der 1. M vorbei einstechen, dann die 1. M rechts str, danach beide M von der linken Nd gleiten lassen, 1 U, von den 3 folgenden M zuerst die 3. M rechts str, dabei mit der rechten Nd vor der 1. und 2. M vorbei einstechen, dann die 1. und 2. M rechts zusstr, danach die M von der linken Nd gleiten lassen, ab * wdh, Kett-Rdm.
Die 1. und 2. R stets wdh.

Anleitung

22 M mit Nd Nr. 10 anschlagen und 80 cm im Grundmuster str, alle M abk. Die beiden Längsränder mit der Häkelnd Nr. 8 und Krebs-M zushäkeln. Den Anschlagrand, dann den Abkettrand zusnähen, dabei die Ränder zusraffen. Eine Rosette mit Mohana in Krokus wie beim vorigen Kragen in Grau beschrieben herstellen und auf den zusgerafften Teil des Schals nähen.

Tipp: Sie können verschiedenfarbige Rosetten anfertigen. Damit können Sie Kleidungsstücke aufpeppen – einfach mit einer Broschennadel befestigen. Dieses blumige Accessoire können Sie auch an einer Tasche oder einem Hut befestigen.

Super warm

→ mit aufgehäkelten Reihen

GRÖSSE
ca. 22 cm breit,
190 cm lang
(ohne Quasten)

MASCHENPROBE
Mit Nd 12
im Grundmuster
10 M und 10 R
= 10 cm x 10 cm

MATERIAL
- Schachenmayr Ego Tweed in Chianti color (Fb 84), 200 g
- Schachenmayr Mohana in Krokus (Fb 37), 150 g
- 1 Paar Stricknd Nr. 12
- Häkelnd Nr. 12

Hinweis: Dieser Schal wird doppelfädig gestrickt!

Grundmuster mit Kett-Rdm

Maschenzahl teilbar durch 5, + 2 Kett-Rdm
1. R = Rückr: Alle M links mit Kett-Rdm str.
2. R: Kett-Rdm, * zuerst die 2. M rechts str, dabei mit der rechten Nd hinter der 1. M vorbei einstechen, dann die 1. M rechts str, danach beide M von der linken Nd gleiten lassen, 1 U, von den 3 folgenden M zuerst die 3. M rechts str, dabei mit der rechten Nd vor der 1. und 2. M vorbei einstechen, dann die 1. und 2. M rechts zusstr, danach die M von der linken Nd gleiten lassen, ab * wdh, Kett-Rdm.
Die 1. und 2. R stets wdh.

Anleitung

Mit je einem Faden Ego Tweed und Mohana 22 M anschlagen und im Grundmuster str. In 190 cm Länge alle M abk. Mit zwei Fäden Mohana auf jede Lochreihe fM häkeln, dabei mit 1 Km beginnen und enden.
Aus je 30 ca. 30 cm langen Fäden Mohana acht Quasten arbeiten und an die vier Häkelreihen nähen.

GRÖSSE
ca. 25 cm breit, 180 cm lang (ohne Fransen)

MATERIAL

- Schachenmayr Boston Multi Color in Murmel color (Fb 190) und Schwarz (Fb 99), je 150 g
- Rundstricknd Nr. 7-8
- Häkelnd Nr. 7-8

MASCHEN-PROBE
Mit Nd 7-8 bei glatt rechts und glatt links 10 M und 18 R = 10 cm x 10 cm

(6 R kleines Perlmuster sind 10 cm hoch)

Herren-schal

→ in Schwarz-Weiß

Kleines Perlmuster mit Kett-Rdm

1 M rechts, 1 M links im Wechsel. In allen folgenden R das Muster versetzt arbeiten.

Glatt rechts mit Kett-Rdm

Hinr rechts, Rückr links

Glatt links mit Kett-Rdm

Hinr links, Rückr rechts

Anleitung

180 M in Schwarz anschlagen und 6 R im kleinen Perlmuster str. Weiter in Murmel color * 6 R glatt rechts und 6 R glatt links str, ab * 1x wdh, noch 6 R glatt rechts str. Weiter in Schwarz 1 R rechte M und 5 R im kleinen Perlmuster str, alle M abk.
An die äußeren Streifen im kleinen Perlmuster je vier Fransen in Murmel Color, dazwischen je 14 Fransen in Schwarz knüpfen. Je Franse zwei ca. 28 cm lange Fäden mittig zuslegen, mit der Häkelnadel die Schlaufe durch das Gestrick ziehen, dann die losen Enden durch die Schlaufe ziehen, festziehen.

Klassisch und sehr beliebt

→ im falschen Patentmuster

GRÖSSE
ca. 18 cm breit, 150 cm lang (ohne Fransen)

MASCHENPROBE
Mit Nd 7-8 im Grundmuster 15 M und 18 R = 10 cm x 10 cm

MATERIAL
- Schachenmayr Ego Tweed in Savanne color (Fb 81), 200 g
- Rundstricknd Nr. 7-8
- Häkelnd Nr. 7-8

Abbildung Seite 32

Falsches Patentmuster mit Kett-Rdm

M-Anzahl teilbar durch 4+3, + 2 Kett-Rdm
1. R = Hinr: Kett-Rdm, * 3 M rechts, 1 M links, ab * wdh, 3 M rechts, Kett-Rdm.
2. R = Rückr: Kett-Rdm, 1 M rechts, 1 M links, * 3 M rechts, 1 M links, ab * wdh, 1 M rechts, Kett-Rdm.
Die 1. und 2. R stets wdh.

Anleitung

29 M anschlagen und 150 cm im falschen Patentmuster str, alle M abk. In den Anschlag- und Abkettrand je acht Fransenbüschel einknüpfen. Dafür je drei ca. 40 cm lange Fäden mittig zuslegen, die Schlaufe mit der Häkelnadel durch das Gestrick, dann die losen Enden durch die Schlaufe ziehen und festziehen.

Klassisch und sehr beliebt

Anleitung Seite 31

IMPRESSUM

FOTOS: frechverlag GmbH, 70499 Stuttgart; Fotostudio Ullrich & Co., Renningen
DRUCK: frechdruck GmbH, 70499 Stuttgart

Auflage: 6. 5. 4. 3. 2.
Jahr: 2011 2010 2009 2008 2007 [Letzte Zahlen maßgebend]

ISBN 978-3-7724-6624-3
Best.-Nr. 6624